Conny Wolf

Engel haben immer Zeit

ENNSTHALER VERLAG STEYR

Für Ana-Lisa und Rafael
und für alle Engel.

www.ennsthaler.at

1. Auflage 2014

ISBN 978-3-85068-873-4

Conny Wolf · Engel haben immer Zeit
Copyright © 2014 by Ennsthaler Verlag, Steyr
Ennsthaler Gesellschaft m.b.H. & Co KG, 4400 Steyr, Österreich
Satz & Umschlaggestaltung: Thomas Traxl, Steyr
Illustrationen und Text: Conny Wolf
Druck & Bindung: Těšínská tiskárna, Český Těšín

MIX
Papier aus verantwor-
tungsvollen Quellen
FSC® C005833
FSC
www.fsc.org

Inhaltsverzeichnis

Gibt es Engel?

Die Frage sollte vielleicht eher lauten »Gibt es Engel für mich?«, denn es handelt sich dabei um diese Art Fragen im Leben, die sich jeder nur selbst beantworten kann oder besser darf. Ob es Engel gibt, ist eine Frage des Glaubens und wir, hier in Europa, sind in der glücklichen Lage, glauben zu dürfen, was wir wollen, meistens jedenfalls.

Das erinnert mich an meine Schulzeit, in der ich in puncto Glauben ein – sagen wir mal – äußerst prägendes Erlebnis hatte, doch um das zu erzählen, muss ich etwas weiter zurückblicken:

Meine Großmutter Katharina, eine bodenständige Münchnerin, hatte sich bereits zu Zeiten mit theologischen, theosophischen und spirituellen Fragen beschäftigt, in denen das nicht nur ungewöhnlich, sondern mitunter sogar ziemlich gefährlich war. Sie schrieb ganze Bücher ab, wenn sie auf dem Markt nicht erhältlich waren, ihr aber für ihre geistige Entwicklung unentbehrlich erschienen. Sie studierte sie regelrecht, was mich ungemein beeindruckte. Dieses große Interesse an geistigen und spirituellen Themen hat mein Vater, mitsamt ihren Büchern, von seiner Mutter geerbt und setzte diese privaten Studien auf seine Weise fort.

So durfte ich von klein auf meiner kindlichen Neugier freien Lauf lassen, zum einen, was die Fragen des Lebens anbelangte, die mich schon früh interessierten und zum anderen über die »Dinge hinter den Dingen«, zu denen ich von jeher einen ganz natürlichen Zugang hatte. Mein Vater war viel auf Reisen, doch wir konnten buchstäblich stundenlang über Gott und die Welt philosophieren, wenn wir wieder einmal bei Flaute auf unserem kleinen Segelboot saßen und auf »günstige Winde« warteten.

Laotse, die Bhagavadgita, Helena Blavatsky, Buddha… aber auch Namen wie Hermann Hesse und Elisabeth Kübler-Ross waren mir vertraut und ich wusste relativ bald, welchem geistigen Umfeld sie zuzuordnen waren. Warum erzähle ich das alles?

Es erklärt vielleicht meinen Schock und meine impulsive Reaktion, als ich eines Tages im Religionsunterricht, im evangelischen wohlgemerkt, erstmals einer ganz anderen geistigen Haltung begegnete, gleichzeitig war das vielleicht der erste selbstständige Schritt auf meinem geistigen Weg.

Mein Vater hatte mir kurz zuvor »Die Möwe Jonathan« von Richard Bach zu meinem fünfzehnten Geburtstag geschenkt und dieses Buch war wie eine Offenbarung für mich, begegnete ich hier doch zum ersten Mal einem Konzept, mit dem ich etwas anfangen konnte. Von da an interessierte ich mich brennend für das Thema Reinkarnation.

Meinen Religionslehrer, einen jungen Dekan, fand ich bis zu diesem Zeitpunkt eigentlich ganz sympathisch und er tat mir immer ein wenig leid, wenn er wieder einmal vergeblich versuchte, die Handvoll evangelische Schüler in seinem Unterricht für Glaubensfragen zu interessieren.

Als er an jenem verhängnisvollen Tag den Unterricht mit einem fröhlichen: »Über was wollen wir denn heute reden?« begann, antwortete ich mit einem begeisterten: »Über die Reinkarnation!«, denn ich hatte in meiner Unschuld angenommen, es handle sich hier tatsächlich um eine freie Wahl der Themen.

Der bis dahin eher sanftmütige Dekan sprang auf, stemmte eine Faust auf den Schreibtisch und brüllte: »Wenn du an die Reinkarnation glaubst, dann bist du keine Christin!«, wobei er mit dem Zeigefinger seiner anderen Hand bedrohlich auf mich zielte. Das war mir irgendwie zu viel. Ich sprang nun ebenfalls auf, schlug mit der flachen Hand auf den Tisch und brüllte mindestens ebenso laut: »Dann bin ich halt keine Christin!«

Während ich augenblicklich meine Sachen packte und bereits auf dem Weg zur Türe war, rief er mir nach: »Wer sich seine eigene Religion macht, geht den leichtesten Weg!«, worauf ich mich noch einmal umdrehte: »Nein, wer einfach alles unbesehen glaubt, was man ihm vorsetzt, DER geht den einfachsten Weg!«

Heute bin ich meinem Religionslehrer für dieses Erlebnis sogar dankbar, denn von da an wollte ich erst recht wissen, welche Erklärungen und Konzepte die großen Glaubensrichtungen der Welt für die »Dinge hinter den Dingen« anzubieten haben. Dinge, die ich damals spürte, aber in der mich umgebenden Welt nicht wiederfinden konnte. An diesem Punkt ist es mir sehr wichtig hier ausdrücklich zu betonen, wie vielen geduldigen und weisen Menschen, der unterschiedlichsten geistigen und religiösen Ausrichtungen, ich auf meinem geistigen Weg begegnen durfte, die mir in ihrer offenen und toleranten Art Inspiration und Wegweiser waren.

Wie gesagt, in spiritueller Hinsicht hatte ich bereits im Elternhaus einen guten Nährboden gefunden und meine Neugier führte mich auf die unterschiedlichsten Pfade, sodass ich meinen ureigenen Zugang zu meinem Glauben und zur geistigen Welt finden konnte, um Antworten, Hilfe, aber vor allem auch Aufträge zu erhalte. Denn mir war bewusst, dass auch hier das Prinzip gilt, wer nehmen möchte, muss auch bereit sein zu geben.

Als dann im Jahre 1999 die Engel an meine Tür klopften – eigentlich eher an meiner Tür rüttelten, wenn man's genau nimmt – war es eine große Überraschung für mich, dass ich sie all die Jahre nie bewusst wahrgenommen hatte, weder im Elternhaus noch im Zusammenhang mit den diversen Religionen wurde ihnen Aufmerksamkeit geschenkt. Doch plötzlich waren sie da ... Und wie!

Seither empfinde ich eine große Liebe zu den Engeln und ihre Liebe zu mir ist ein großer Segen in meinem Leben, sodass ich mich mit allem was ich tue in ihren Dienst gestellt habe und auch in meiner Arbeit versuche ich diesen Segen mit anderen Menschen zu teilen.

Es wäre schön, wenn dieses Buch ebenfalls einen Beitrag dazu leisten könnte, dass sich noch mehr Menschen für ihre Engel öffnen.

»Du riskierst nichts, lädst Du die Engel in Dein Leben ein, doch Du gewinnst den ganzen Himmel!«

Herzliche Grüße und viel Freude beim Lesen!

Conny Wolf

Engel erhören jeden Ruf

Das Jahr 1999 war für sehr viele Menschen ein Jahr großer Veränderungen und Trennungen in vielerlei Hinsicht, so auch für mich. Meine Trennung lag zwar bereits einige Monate zurück, aber nach 7 Jahren kann man eben nicht einfach in ein neues Leben schlüpfen, wie in eine neue Jacke. In den vergangenen Sommermonaten bewahrte mich die intensive Wohnungssuche und der anstrengende Umzug vor allzu großen Stimmungstiefs, doch nur um mich im November endgültig in der Realität ankommen zu lassen. Die Folge, meine »seelische Wetterlage« war ebenso trüb und grau wie der Himmel.

Ich drohte in dem großen schwarzen Loch zu ertrinken, dass ich langsam aber sicher mit meinen Tränen füllte und als sei das noch nicht schlimm genug, peinigte ich mich zu allem Überfluss auch noch mit vorwurfsvollen Gedanken: »Ich habe doch eigentlich ja gar keinen richtigen Grund für diese Theatralik! Was stell ich mich eigentlich so an? Ganz sicher gibt es Menschen, deren Lebensumstände ihnen viel mehr Anlass für so ein dramatisches Benehmen bieten würden und die trotz allem – im Gegensatz zu mir – ihr Schicksal mit großer Würde tragen … und so weiter, und so weiter …!«

Diese Litanei der Selbstanklage trug natürlich erwartungsgemäß nicht im Mindesten zur Erholung meines Gemütszustandes bei.

Bugsy, meine Riesenschnauzer Hündin, war da glücklicherweise viel pragmatischer als ich. Ihr war egal, ob ich nun zu einem solchen Theater berechtigt bin oder nicht, sie wollte mich einfach nur beruhigen und legte sich dazu kurzerhand neben mich – eigentlich schon fast auf mich, was mich für den Moment tatsächlich etwas tröstete.

Gänzlich unerwartet stieg jäh eine trotzige Wut in mir hoch und ohne weiter nachzudenken, begann ich laut »nach oben« zu schimpfen: »Wenn es schon angeblich so einen geflügelten Bodyguard für jeden gibt, wo bist du denn dann jetzt? Warum machst du nicht, dass es mir jetzt sofort besser geht?«

Zutiefst überzeugt davon, dass mein Ruf von niemandem erhört werden würde und ich mutterseelenallein sei, ließ ich meiner Tränenflut erneut freien Lauf.

Auf einmal war mir, als ob es ganz allmählich heller im Zimmer werden würde, nicht sichtbar eher fühlbar heller und irgendwie leichter … es ist schwer zu beschreiben. Ich, also besser gesagt wir beide, setzten uns ehrfürchtig auf und lauschten in die Stille.

Nach kurzer Zeit fühlte es sich an, als hätte jemand einen schweren Mantel von meinen Schultern genommen, Gänsehaut überzog mich und zögerlich hörte ich mich in die Stille sagen: »Na gut … du bist also offensichtlich wirklich da … sehen kann ich dich zwar nicht, aber fühlen. Deshalb werde ich dich nun für mich sichtbar machen.« Ohne den Umweg über den Kopf zu nehmen, war die Anwesenheit meines Engels von einem Moment auf den anderen zur inneren Gewissheit geworden.

Malen und Zeichnen ist nicht nur ein Beruf für mich, sondern hilft mir von jeher mit den Ereignissen des Lebens umzugehen, sie zu verstehen, zu verarbeiten, eine Form der Psychohygiene könnte man sagen. So begann ich ohne weiteres Nachdenken an jenem Abend mein allererstes Engelbild zu malen. Normalerweise führte ich bei meinen Bildern die Regie, mit entschlossenem Strich gab ich dem Inhalt eine Form, wusste, was entstehen sollte.

Etwas unheimlich war mir daher schon zumute, denn ich machte nun zum ersten Mal die Erfahrung, wie es sich anfühlt, wenn nicht ICH male, sondern ES malt … mit achtsamen, suchenden, spürenden Pinselstrichen. Wie eine »ZEN-Malerin« stand ich damals an meinem Schreibtisch, den Arm waagrecht ausgestreckt und steil gehaltenem Pinsel – sah mir selbst beim Malen zu!

Behutsam entfaltete sich das Bild vor mir und es überkam mich »Ehrfurcht« – es gibt kein besseres Wort dafür.

Das, was da vor sich ging, hatte etwas Mystisches, Unerklärbares an sich und auf einmal erschien es mir ziemlich peinlich, dass mein »Ruf nach oben« so respektlos ausgefallen war.

Warum ich es dann trotzdem bei jeder Gelegenheit und ganz ehrlich genau so erzähle, wie es war? Weil mir die Engel inzwischen erklärt haben, dass sie uns umso besser »hören« können, je echter und tiefer das Gefühl ist, das sich in unserem »Ruf nach oben« ausdrückt.

Eine »ehrliche Wut« ist in diesem Fall eben genauso hilfreich, wie aufrichtige Freude.
In der Zwischenzeit habe ich eine innige Beziehung zur Engelwelt aufgebaut und benehme mich gegenüber diesen wundervollen Lichtwesen natürlich äußerst respektvoll.

Ein Zeichen

Diese erste Begegnung mit einem Lichtwesen hatte mich tief berührt, es war, als wäre etwas in mir erwacht, etwas Helles, Neues, Aufregendes, das mich magisch anzog, im wahrsten Sinne des Wortes.

So war es auch nicht weiter verwunderlich, dass ich ein paar Tage später durch »Zufall« in einem kleinen Geschäft ein wunderschönes »Engel-Spiel« entdeckte. Aus dem Augenwinkel heraus sah ich, dass mich förmlich etwas »anblinkte«, dessen Farben und Formen mich sofort an mein Engelbild erinnerten. Bei näherem Hinsehen erkannte ich, dass es sich bei dem Bild auf der kleinen Box tatsächlich um einen Engel handelte. Die kleinen Kärtchen darin luden ein, auf spielerische Weise die Unterstützung der Engel zu erfahren. Begeistert trug ich meinen Schatz nach Hause und begann mich nun täglich über diese Kärtchen mit der Engelwelt zu verbinden.

Der intuitive Umgang mit meinen neuen Engelkärtchen fiel mir leicht, denn der Umgang mit Tarot-Karten war mir seit vielen Jahren vertraut. Wohltuend neu dabei war jedoch die spielerische Leichtigkeit, die ich in dieser Verbindung mit den Lichtwesen erstmals spüren durfte. Heute weiß ich: »Typisch Engel«!

Ab diesem Zeitpunkt wusste ich, dieser Lichtspur möchte ich folgen und ich spürte kribbelnde Vorfreude auf all das, was die »Engelwelt« für mich bereithalten würde.

Buchhandlungen sind Wunderwelten und eine zweite Heimat für mich, in denen ich mich mühelos einige Stunden verlieren kann. Es ist mir zur Gewohnheit geworden ist, mich intuitiv durch die Regale zu bewegen, mit der Ausrichtung, dass es mich dorthin führt, wo es Wertvolles und Interessantes für mich zu entdecken gibt. Mit dieser »Technik« fand ich innerhalb kürzester Zeit ein paar Bücher, die mir mein neues »Lieblingsthema Engel« näherbrachten. Allzu viele Werke waren es noch nicht, vermutlich weil damals um die Jahrtausendwende herum gerade erst sehr viel mehr Menschen in die Lage gekommen waren, die Engel wahrzunehmen.

Bald darauf machte ich eine sehr eindrucksvolle Erfahrung, nachdem ich – ermutigt durch ein Buch – meinen Engel um seinen Namen und ein »Zeichen« gebeten hatte. Sofort tauchte ein Name in mir auf und als ich »meinen Engel« voller Freude begrüßte, verspürte ich das warme Gefühl, ihm auf diese Weise bereits sehr viel näher gekommen zu sein, irgendwie war er dadurch sichtbarer für mich geworden. Doch es sollte noch besser kommen …

Als ich mich am nächsten Morgen meinem Auto näherte, fiel mein Blick auf die Heckscheibe und ich blieb wie angewurzelt stehen. Über die ganze Fläche war ein Symbol in die vereiste Scheibe geritzt, ich bekam eine Gänsehaut als ich es staunend betrachtete, was für ein schönes Zeichen. Mir war bewusst, dass ziemlich sicher ein menschliches Wesen seine Hand dabei im Spiel hatte, aber wirklich sicher bin ich mir, dieser Mensch handelte bewusst oder unbewusst im Auftrag meines Engels.

Ein kluger Mensch hat einmal gesagt: »Die Ereignisse haben die Bedeutung, die wir ihnen geben!«, daher ist mir auch noch nie in den Sinn gekommen, andere nach ihrer Bedeutung zu fragen. Erlebnisse, die solch ein friedliches Gefühl bei mir auslösen und mich nachhaltig mit großer Dankbarkeit erfüllen, gehen bei mir mit einem solch tiefen inneren Wissen einher, dass es sich um etwas sehr Wertvolles handelt. Es ist, was es für mich ist und ich freue mich daran.

Mit diesem Erlebnis durfte ich auch lernen, dass unsere himmlischen Begleiter immer versuchen eine gemeinsame »Sprache« mit uns zu finden, ähnlich wie ein Morsealphabet, und dass wir ihnen dabei auch durchaus entgegenkommen können. Als Designerin besitzen beispielsweise Logos, also markante Symbole, eine große Faszination für mich und mein Engel wusste sicherlich darum. Er erfüllte er meine Bitte nach einem Zeichen mithilfe eines Symbols, da ich es auch ohne Zweifel als »sein Zeichen« erkennen würde. Das Foto der vereisten Heckscheibe samt Symbol besitze ich heute noch.

Wir können wir unseren Engeln entgegenkommen, indem wir zum Beispiel Zahlen, Tiere, Lieder, Symbole oder Ähnliches mit Bedeutungen versehen, sozusagen als gemeinsame Sprache, die Engel werden sie begeistert verwenden. Doch sollte man bei der Auswahl der Mittel achtsam vorgehen, denn unter Umständen können lustige Situationen entstehen. Beispielsweise, wenn das Erscheinen einer weißen Taube als »Zeichen der Engel« erbeten wird und man dann am Morgen durch ihr sonores Gurren im Schlafzimmer geweckt wird, weil das Fenster offen stand und die Taube ihren Auftrag sehr ernst genommen hat! Soll schon vorgekommen sein … Engel haben durchaus Humor!

Weiße Federn wären in diesem Fall eine elegante Alternative.

13

Die Nacht der Engel

Oftmals fällt es mir schwer, die Ereignisse in meinem Leben zeitlich richtig einzuordnen, warum das so ist? Ich weiß es nicht … vielleicht ist es meine ziemlich temperamentvolle Fantasie, die ab und zu ihre ganz eigenen Geschichten mit meiner Erinnerung verwebt …

So bin ich mir auch nicht ganz sicher, wie viel Zeit verging zwischen diesen allerersten Engel-Erlebnissen, meinem ersten Engelbild, dem Zeichen … und der »Nacht der Engel« … ein halbes Jahr etwa? Egal, eines Tages war es jedenfalls schon sehr spät geworden. Ein paar Entwürfe sollten dringend fertig werden, die ich zu meinem Leidwesen auch noch am Computer bearbeiten musste, analog ist mir wesentlich lieber.

Deshalb kenne ich einen Trick, um wieder in eine Leichtigkeit zu kommen: Immer wenn es mir schwerfällt, etwas konzentriert zu Ende zu bringen, gönne ich mir einen kreativen Ausflug in mein Skizzenbuch, das heißt ich denke eine Zeit lang zur Abwechslung mal gar nichts und lasse einfach nur den Stift laufen … ohne Absicht, nur so zum Spaß und schaue mir dabei zu. Einige meiner feinsten Ideen sind auf diese Weise zustande gekommen, meine wertvollsten Figuren, absichtslos aus reiner Freude am Geschehen lassen.

An diesem Abend begannen diese absichtslosen Pinselstriche und Klecksereien plötzlich alle wie kleine Engel auszusehen und zogen mich sofort in ihren Bann. Im Nu hatte ich alles um mich herum vergessen, Uhrzeit … Aufträge … egal, denn immer schneller landeten die Lichtwesen auf meinen Seiten. Einige Stunden später, es war schon weit nach Mitternacht, begann die Bilderflut nachzulassen und ich tauchte langsam wieder auf. In dieser Nacht hatte ich wohl zum ersten Mal das Gefühl, diese vielen Engelbilder kommen nicht nur zu meinem ganz persönlichen Vergnügen in die Welt, mit diesen Bildern ist ein Auftrag verbunden und die Engel bitten mich auf diese Weise, ihn anzunehmen.*

Sicher steckten auch die Engel dahinter, als mir die Idee zu einer kleinen, privaten Engel-Ausstellung in meinem Haus kam. Obwohl ich sie lediglich mit ein paar kleinen Plakaten in der Stadt ankündigte, wurde es ein voller Erfolg.

*Aus diesen Bildern entstand später erste Engelkärtchenbox »Zeit der Engel« und der erste Engel-Kalender.

Bei der Gestaltung der Plakate tauchte plötzlich ein Satz mit völliger Klarheit in mir auf:

»Unsere Zeit braucht Engel, unsere Zukunft erst recht.«

Das wirkte wie ein Weckruf auf mich, eine Botschaft, die ohne den Umweg über den Kopf direkt in meinem Herzen ankam. Im Sommer 2002 hatte ich zusammen mit drei Partnern einen kleinen Verlag gegründet, um gemeinsam all meine vielen Ideen und Bilder in die Welt zu bringen, die sich in meinen Schubladen, meinen Skizzenbüchern und vor allem in meinem Herzen angesammelt hatten. Außerdem sollte endlich meine Comicfigur Oups, die mich schon seit vielen Jahren im Skizzenbuch begleitete, einem breiteren Publikum vorgestellt werden.

Schnell waren wir uns einig, dass auch die Engel einen Platz in unserem Verlag bekommen sollten. Unter dem Titel »Zeit der Engel« wurden Engelbücher, Karten, Kalender … ein fester Bestandteil unseres Verlagsprogramms.

Der erste Engel-Kalender wurde wunderschön und wenige Tage, bevor er in Druck gehen sollte, tauchte auf einmal die Frage auf, ob es denn auch Texte zu den Engelbildern der einzelnen Monate geben würde. In mir keimte Panik auf. Intuitiv Engelbilder zu empfangen, daran war ich inzwischen nicht nur gewöhnt, sondern es begeisterte mich geradezu. Aber würden die Engel mir auch ihre Sprache leihen und wäre ich überhaupt in der Lage, sie mit ebensolcher Leichtigkeit zu empfangen, wie ihre Bilder?

Ich wollte es versuchen. Am Abend breitete ich auf dem Wohnzimmerboden die zwölf Engelbilder aus, zündete eine Kerze an, dämpfte das Licht und nahm, ausgerüstet mit kleinen Klebe-Zetteln und einem Stift mitten unter den Bildern Platz. Wohlgemerkt, das war mein erster Versuch dieser Art und ich hatte keine Ahnung, wie das nun vonstattengehen könnte.

»Liebe Engel, möchtet ihr den Menschen gerne etwas zu den Bildern mitteilen? Dann lasst es mich jetzt bitte wissen …«

Ganz genau erinnere ich mich natürlich nicht mehr daran, aber so oder so ähnlich hat meine Bitte damals vermutlich gelautet.

… und dann begann das große Warten.

Wie lange ich so da saß und auf eine Eingebung wartete, weiß ich nicht, aber es fühlte sich an, wie eine Ewigkeit. Doch plötzlich erschien der erste Satz in meinem Gedanken und noch bevor ich nachfragen konnte, zu welchem Bild er gehören solle, erschien bereits der nächste und der nächste … und der nächste Satz.

Heute bin ich sicher, die Engel wollten mir durch dieses rasante Diktat helfen, meinen Verstand auszuschalten, der eventuell versucht gewesen wäre, jeden Satz sofort zu analysieren, infrage zu stellen und dessen Ursprung anzuzweifeln. So versuchte ich einfach nichts zu verpassen und es endete mit vielen gelben Zetteln, die ich einfach wahllos überall auf die Bilder klebte.

Insgesamt fast dreißig wunderschöne, lichtvolle Botschaften, die inzwischen über die verschiedensten Produkte ihren Weg zu den Menschen gefunden haben. Die Klarheit und Wahrheit der Sätze empfand ich von Anfang an als so groß, dass sich nicht der leiseste Zweifel an ihrer lichtvollen Herkunft bei mir regte.

Worte wie: **»Der innere Frieden des Einzelnen ist ein Baustein für den Frieden der Welt«** besitzen eine solche Strahlkraft für mich, dass sie mich auch heute noch immer wieder tief in meinem Inneren berühren.*

*Aus den allerersten Bildern und Texten entstand auch die erste Engelkärtchenbox »Zeit der Engel«.

Ein Wald voller Geigen

Es gibt Erkenntnisse, zumindest in meinem Leben, die manchmal erst nach und nach in das Bewusstsein sickern. Erkenntnisse, gewonnen durch eine Begebenheit, die so ungewöhnlich ist, dass mein Verstand sie ohne Umschweife mit einer logischen Erklärung belegen musste, um zu verhindern, dass ich darüber verrückt werde oder gar in Panik gerate und mich zu unüberlegten Handlungen hinreißen lasse.

Es bedurfte vieler Jahre und vieler mit dem menschlichen Verstand nicht erklärbarer Erlebnisse in meinem Leben, um heute den Mut zu haben, eine derartige Erfahrung mit ihnen zu teilen.

Kurz nach meinem bereits erwähnten Umzug in eine neue Wohnung, begann ich damit die Umgebung zu erkunden, um geeignete Spazierwege für meine tägliche Runde mit meiner Hündin Bugsy zu finden.

Man hatte mich auf ein nahe gelegenes Waldstück aufmerksam gemacht, in dem sich die Wege zu einer schönen Runde verbinden ließen. Es war ein heißer Sommertag, ein Sonntagnachmittag, wenn ich mich recht erinnere, und es war unser erster Ausflug in diesen Wald. Rechts und links des breiten Weges standen hohe Nadelbäume, wodurch der Waldboden mit Farnen und anderen Pflanzen wunderschön bewachsen war. Das Sonnenlicht fiel gedämpft durch die Bäume, was die Nachmittagshitze angenehm besänftigte und irgendwie eine zeitlose Atmosphäre erzeugte. Kurz nach Verlassen des Waldrandes erzeugten zwei hohe Fichten, die genau gegenüber dicht am Wegrand standen, den Eindruck eines Tores, das es zu respektieren galt.

Also hielt ich an, irgendwie hatte ich das eigenartige Gefühl nicht alleine zu sein, und schaute mich um, konnte jedoch niemanden entdecken. Einfach so weitergehen ging jedoch auch nicht, ich kam mir wie ein Eindringling vor. Daher blieb ich stehen und begrüßte in Gedanken höflich die Wesen dieses Waldes und bat wörtlich um »Einlass in ihr Reich«. Es stellte sich bei mir ein Gefühl der Zustimmung ein und nun setzten wir unseren Weg unbekümmert fort. Wenn ich mit mir alleine bin, fällt es mir leicht, solchen Impulsen mit kindlicher Neugier nachzugeben.

Was nun folgte, ist nur sehr schwer zu beschreiben ... Ganz allmählich bemerkte ich, dass der Wald von wunderschöner Musik erfüllt war, die aus keiner bestimmten Richtung zu kommen schien, es hörte sich an, wie in einem Konzertsaal mit ausgezeichneter Akustik. Auch veränderte die Musik, die in angenehmer Weise überall laut zu hören war, während meiner ganzen großen Runde nie ihre Lautstärke und ich konnte mich auch nicht erinnern, wann ich begonnen hatte die Melodie wahrzunehmen. Diese Art von Musik könnte man wohl am ehesten als Entspannungsmusik bezeichnen, so wie sie heute oft als Meditationsmusik verwendet wird, dabei durchaus schwungvoll mit vielen Streichinstrumenten, mit einer klassischen Anmutung, aber doch nicht wirklich klassisch.

Wie gesagt, es fällt mir sehr schwer, diese Eindrücke im Nachhinein zu beschreiben, zumal ich mich auch mit Musikrichtungen oder Instrumenten nicht gut auskenne.

Die Einsamkeit des Waldes, das gesprenkelte Licht, das zwischen den Ästen hindurch strahlte, die sanfte Wärme und die wundervolle Musik hatten mich wohl in einen so gelassenen Zustand versetzt, dass sich mein Verstand mit Erklärungen wie »da hat jemand das Autoradio an oder irgendwo in der Nähe findet ein Sonntagskonzert statt« ohne Weiteres zufriedengab. Es kam mir nicht in den Sinn, nach der Quelle dieses Phänomens zu suchen, es war einfach nur schön. Selbst als mir eine Familie entgegenspazierte, grüßten wir uns nur freundlich, ohne die Musik zu erwähnen.

Niemand hat damals später etwas von einem Konzert, einer Veranstaltung oder gar einer riesigen Klangwolke – denn um eine solche hätte es sich handeln müssen – erzählt, auch in den Zeitungen war nichts zu finden.

So glaube ich heute, dass es sich damals um die ersten Vorboten meiner »Neuen Zeit« gehandelt hat, die mit meiner »Engelbegegnung« im darauf folgenden Herbst für mich beginnen sollte.

Das Haus der Engel

An meinem täglichen Spazierweg in diesem ganz besonderen Wald stand ein beeindruckender Baum, zu dem es mich jedes Mal magisch hinzog und er wurde mit der Zeit Freund und Vertrauter für mich. Die wirklich riesenhafte Buche hatte im Laufe ihres Lebens viele Äste gebildet, die sich in auffälliger Weise an ihren gedrehten Stamm reihten. Diese Äste kamen mir wie ein Sinnbild vor, für die vielen kleinen und großen Wege, denen ein Mensch folgt, oder besser denen ich im Verlauf meines Lebens gefolgt bin. Jeder Ast ist wichtig und wertvoll, hat seinen Sinn und erzählt auf seine Weise eine Geschichte. Mit der Zeit wird aus meiner Lebensgeschichte ein Dach, unter dem ich mich geborgen fühle. Die Erfahrungen, verschmolzen zu einem starken Stamm, sind ein Symbol für die daraus resultierende Gewissheit, dass es für alles im Leben eine Lösung gibt und dass alle, auch die schmerzhaftesten Ereignisse, einem höheren Sinn dienen, der sich eben nur manchmal meinen Blicken entzieht, da er sich in der Krone meines Lebensbaums verborgen hält.

Vielleicht darf ich ja, wenn ich eines Tages die Erde verlasse, einen Blick in dieses Blätterdach werfen und es stellt sich Verständnis ein, das mir eben nur aus dieser »höheren Perspektive« möglich ist. Oder es ist dann ganz einfach nicht mehr wichtig für mich, ich empfinde dieses Leben als Einheit, die keiner einzelnen Erklärungen mehr bedarf und ich ziehe in Frieden aus diesem Leben aus … ganz von selbst versöhnt mit allem? … Das wäre schön.

Doch zurück zu meinem Freund, dem Baum, oft besucht, oft beschenkt mit Steinen, mit einzelnen Rosen, die ich zur Versöhnung an einem großen Nagel aufhing, den jemand vor langer Zeit oberhalb eines tief eingeritzten Namensherzens in den Stamm getrieben hatte. Er spielt in der folgenden Geschichte eine wichtige Rolle.

In meiner neuen Wohnung, die ich im Juli 1999 bezogen hatte, gefiel es mir anfangs sehr gut. Sie war geräumig, hell und vor der 5 Meter breiten Glasfront des Wohnzimmers lag ein großer Garten. Über mir gab es noch eine zweite Wohnung im Haus, die von einem Ehepaar und ihrer damals etwa siebenjährigen Tochter bewohnt wurde.

Doch mit der Zeit bekam ich das Gefühl beobachtet zu werden und immer wenn ich nach einem Wochenende bei meinen Eltern wieder die Wohnung betrat, hatte ich das Gefühl ich müsste sie regelrecht

»zurückerobern«, irgendetwas hatte sich darin breitgemacht. Auf den ersten Blick fehlte nichts, doch ich vermisste immer wieder persönliche Gegenstände, Parfüm, Kleidungsstücke, was mich allmählich verrückt machte. Bildete ich mir das nur ein, hatte ich die Dinge nur verlegt oder war während meiner Abwesenheit tatsächlich jemand regelmäßig in meiner Wohnung?

Nach etwa einem Jahr, ich kam bereits am Samstagabend, statt wie üblich am Sonntag zurück, ertappte ich meine Obermieterin tatsächlich in meiner Wohnung und stellte sie zur Rede. Danach wollte ich nur noch raus aus der Wohnung, weg von diesen Leuten – egal wohin.

Ich bat die Engel um ihre Hilfe und um Hinweise, was ich dazu beitragen könnte, um ein neues Zuhause zu finden, in dem ich mich wohl und sicher fühlen konnte. Seit Beginn meiner ganz persönlichen »Zeit der Engel« hatte ich zu Erzengelin Gabriel – ich sehe sie weiblich – eine besonders enge Beziehung entwickelt. »Der Engel des nächsten Schritts« nenne ich sie oft, hat sie mir doch schon oft gezeigt, was als Nächstes zu tun ist, um dem Glück oder der Lösung oder beidem einen Schritt näherzukommen. Meine Wohnsituation war unerträglich geworden, doch noch war keine Lösung in Sicht.

Eines Sonntagmorgens, bat ich Erzengelin Gabriel erneut und sehr verzweifelt um einen Hinweis, wie ich mein Wohnproblem lösen könnte: »Erzengelin Gabriel, bitte zeig mir den nächsten Schritt«.

Nachmittags, es war bereits Mai und angenehm warm, zog es mich plötzlich in den Wald, zu meinem Baum. Mit einer wunderschönen roten Rose aus meinem Garten machte ich mich auf den Weg. Der Stamm ist so breit, dass ich vom Weg aus unbemerkt bleiben konnte, wenn ich mich auf der Rückseite des Baumes in eine Nische setzte. Dort saß ich also, die Rose hing über mir an dem großen Nagel im Stamm und erzählte meinem Freund meinen ganzen Kummer, heulte ein bisschen vor mich hin und verlor darüber jegliches Gefühl für die Zeit.

Erst als es zu dämmern begann, tauchte ich aus meiner Versenkung auf, bedankte mich und machte mich auf den Heimweg. Plötzlich sah ich mich von einer Schar hell leuchtender Glühwürmchen umgeben, die mich bis an das symbolische Tor des Waldes begleiteten.

Noch ganz verzaubert von der leuchtenden Eskorte kam ich zu Hause an und mir fiel die gratis Sonntagsausgabe einer Tageszeitung ins Auge, ich muss zugeben, dass ich keine Zeitungsleserin bin. Ein Hinweis? Unter den Immobilienanzeigen blinkte mich ein Haus förmlich an.

Lage, Größe und Preis passten perfekt … von da an lief alles wie am Schnürchen, ich hatte mein Haus gefunden. Es hat mich auch nicht im sehr verwundert, als ich kurz nach meinem Einzug ein Bild, einen alten Druck eines Engel-Mandalas auf dem Dachboden fand, den einer meiner Vormieter dort wohl beim Auszug vergessen hatte … oder vielleicht für mich vergessen sollte?

Das Erdgeschoss wurde übrigens mit der kleinen privaten Engel-Ausstellung eingeweiht, was den Räumen von da an eine ganz besondere Atmosphäre verlieh … erst danach richtete ich mir in diesen Zimmern meine Arbeitsräume und mein Atelier ein. Die Engel hatten auf ihre ganz besondere Art das »Houseworming« übernommen.

Handwerkerengel – SOS!

Im Juli 2001 durfte ich damals mein neues Domizil beziehen, zu dem ich auf so wunderbare Weise geführt worden war. Der Umzug einschließlich aller damit verbundenen Formalitäten ging ebenso leicht und reibungslos vonstatten, natürlich auch dank der Hilfe lieber Freunde, himmlischer und irdischer Natur.

Zuerst bewohnte ich nur die erste Etage des Hauses, da ich zu dieser Zeit noch einen Raum in einer Bürogemeinschaft gemietet hatte. Die unteren Räume standen daher noch leer, als ich ein Fenster im Erdgeschoss zum ersten Mal öffnete um zu lüften. Ich wollte es wieder schließen, da bemerkte ich, dass die Mechanik in irgendeiner Weise beschädigt war. Sosehr ich es auch versuchte, ich bekam das Fenster nicht mehr zu, das noch dazu vom Gehsteig aus erreichbar war. Es handelte sich zwar um eine ruhige Wohnstraße, aber der Gedanke an ein offenes Fenster würde meiner Nachtruhe sicherlich nicht zuträglich sein.

Was tun?

Tauchen unvermittelt Probleme auf, gleich welcher Natur, bin ich ausgesprochen lösungsorientiert, das heißt ich halte mich nicht länger als nötig mit Gedanken über Gründe und Ursachen auf, sondern versuche lieber so schnell wie möglich folgende Fragen zu beantworten oder beantworten zu lassen: Wer oder was kann mir helfen? Wie und wo bekomme ich es und was ist der nächste Schritt?

Meiner Vermutung nach, wäre ich handwerklich nicht mal so ungeschickt, aber ich habe mich nie dafür interessiert. Meiner Werkzeugkiste sieht man dieses Desinteresse übrigens nicht an, besitze ich doch eine erstklassige Bohrmaschine nebst einer Reihe hochwertiger Werkzeuge. Diese solide Grundausstattung bekam ich von meinem technisch begabten und sehr auf Perfektion bedachten Bruder geschenkt, damit er nicht jedes Mal seine gesamte Ausrüstung mitnehmen musste, um mir ein Regal an die Wand zu dübeln.

Tatsache war, ein offenes Fenster mit beschädigter Mechanik, das an der Straße lag. Erschwerend kam hinzu, dass sich dies alles an einem kalten Oktoberabend, Samstag gegen acht Uhr ereignete. Eine denkbar ungünstige Zeit für den Bedarf handwerklicher Hilfe, sei es durch einen Profi oder einen technisch begabten Menschen aus meinem Bekanntenkreis.

Ratlos schaute ich aus meinem kaputten Fenster in die Nacht hinaus und hörte mi...

»Weißt du was, ich brauche jemanden, der mir das repariert – JETZT – SOFORT!« Gemeint war mein Schutzengel, zu dem ich seit unserer ersten Begegnung ein Jahr zuvor, eine vertrauensvolle Beziehung entwickelt hatte. So unglaublich es klingt, ich hatte es kaum ausgesprochen, da hielt ein Wagen direkt vor meinem Fenster. Der Fahrer stieg aus, der Inhaber eines Unternehmens für – was soll ich sagen – die Herstellung von Fenstern und Türen. Voilà! Noch bevor er in der Lage war, etwas zu sagen, platzte es aus mir heraus: »Kannst du mein Fenster reparieren?« Natürlich konnte er und das Ganze war innerhalb kürzester Zeit erledigt.

Erst danach kam ich auf die Idee ihn zu fragen, welch glücklicher Umstand ihn dazu bewogen hatte, exakt zu diesem Zeitpunkt vor meinem Fenster zu landen. Es stellte sich heraus, dass ihm auf dem Heimweg vom Büro der Gedanke gekommen war, mir noch schnell einen kleinen Auftrag vorbeizubringen, anstatt mich erst montags in meinem Büro aufzusuchen. Dies ist bis heute der einzige Auftrag, den ich für ihn übernommen habe, eine Zeichnung als Vorlage zur Gestaltung einer Glastür ist vermutlich normalerweise nicht an der Tagesordnung. Wir kannten uns auch nur flüchtig und es ist ein Rätsel, woher er meine private Adresse wusste, ich wohnte ja erst seit ein paar Wochen dort. In meiner Verwunderung über diese blitzschnelle und umfassende »Antwort meines Schutzengels«, habe ich damals total vergessen, ihn danach zu fragen.

Ähnliches ereignete sich seither in meinem Leben noch häufig und jedes Mal begeistert es mich von Neuem. Das Erstaunen liegt dabei fast immer ausschließlich auf meiner Seite, da Beteiligte vom Zusammenwirken der himmlischen und menschlichen Kräfte meistens nichts mitbekommen.

Eines Tages jedoch schöpfte jemand Verdacht …

Zu unserem Haus gehörte ein Garten, nichts Großes: etwas Rasen, ein kleines Blumenbeet, ein Marillenbaum … Gartenarbeit gefiele mir eigentlich ganz gut, doch mangels Fachkenntnis muss ich manchmal aufpassen, dass meine Begeisterung nicht allzu große Schäden verursacht, obendrein fehlt mir das richtige Timing. Sobald mir auffällt, dass bestimmte Arbeiten demnächst erledigt werden sollten, ist es auch meist schon zu spät.

Einen passionierten Gärtner juckt es vermutlich rechtzeitig in seinem grünen Daumen. Er rüstet sich bereits in diversen Gartencentern, wenn im Blumenbeet noch Eis und Frost herrschen und kein frischer Halm zu sehen ist.

Mir fällt das meist erst ein, wenn man das Gras schon wachsen hört, da die Natur mit ihrer Lebenskraft bereits förmlich zu explodieren beginnt. Dann allerdings gibt es so viel zu tun, dass ich nicht weiß, wo oder wie ich anfangen soll, um dieses alljährliche grüne Wunder in geordnete Bahnen zu lenken, damit Beet Beet bleibt, Rasen Rasen und auch der Spalierbaum nicht seine Aufgabe darin sieht, mit seinen Ästen das andere Ende des Gartens zu erreichen.

So erinnere ich mich an einen ungewöhnlich warmen Frühlingstag. Inzwischen war es mir zur Gewohnheit geworden, bei allen Angelegenheiten meines Lebens den Rat und die Führung der Engel einzuholen. Es fasziniert mich bis heute jedes Mal aufs Neue, wie die Dinge sich dann wundervoll ineinander fügen, selbst wenn es nicht sofort danach aussehen sollte.

Durch das Bürofenster in die Frühlingssonne blinzelnd kam mir urplötzlich zu Bewusstsein, dass bei diesem warmen Wetter die Natur, genauer gesagt die Pflanzen meines Gartens, nicht nur in den Startlöchern sitzen würden, sondern vermutlich bereits losgesprintet sind und ich mich schleunigst darum kümmern sollte. Passend zum Frühling war ich frisch verliebt und wollte ein romantisches Wochenende in Wien verbringen. Die darauffolgende Woche würde mir einerseits kaum Zeit für den Garten lassen und davon abgesehen war der Wetterbericht noch dazu bescheiden. Pflanzen lassen sich ja bekanntlich durch Regen im Frühjahr nicht von ihrem Wachstum abhalten, ich mich von der Gartenarbeit dafür schon.

Also brauchte ich Hilfe – und wie immer: SOFORT!

Meine Bitte an die Engel ähnelte vermutlich einer Stellenanzeige: »Benötige einen kompetenten unerschrockenen Gartenprofi, der meinen Garten in ein paar Stunden auf Vordermann bringt und sofort Zeit hat.« Im Kleingedruckten hätte ich vielleicht noch erwähnen sollen »und mich nicht allzu sehr schimpft, weil ich im Herbst noch so viel Arbeit übrig gelassen habe.«

Der »Ruf nach oben« wie ich ihn nenne, also die Einladung an die Engel mit Bitte um Führung und Unterstützung, ist eine Sache. Mindestens genauso wichtig ist es meiner Erfahrung nach jedoch, sich auch entsprechend führen und beraten zu lassen. Immerhin verfügen wir nicht nur über unseren so genannten »freien Willen«, sondern sind auch aufgefordert, ihn achtsam zu verwenden. Nun hatte ich die Engel zwar eingeladen, doch jetzt war es an mir in Aktion zu gehen. Führen lassen kann ich mich am besten, wenn ich in Bewegung bin – nicht immer ist das so, aber recht häufig.

Das bedeutete in meinem Fall dem spontanen Impuls folgen und die fast schon im Wochenende befindlichen Kollegen im Büro durchzufragen, ob sie mir eine entsprechende »Gartenfachkraft« wüssten. Siehe da, man empfahl mir einen Gartenbauverein und nach zwei, drei Anrufen erhielt ich eine Handynummer, was – wie ich später erfuhr – noch keine Garantie dafür war, dass ich den Herrn auch erreichte, da er sich zu dieser Jahreszeit im Dauereinsatz draußen in der Natur befand.

Sie werden es sich bereits denken können, ich erreichte ihn sofort. Auf seine Frage, ob ich zu Hause bin, dann käme er nämlich gleich vorbei, da er alle Geräte auf dem Wagen habe, antwortete ich hastig: »Zu Hause? Noch nicht, aber in 5 Minuten!«, warf den Hörer auf die Gabel und konnte mein Glück kaum fassen.

Was soll ich sagen, innerhalb von 4 Stunden war mein Garten wie verwandelt. Allerdings schimpfte er nebenher ziemlich – sie wissen schon, wegen der versäumten Herbstarbeit, was ihm seine Aufgabe zusätzlich erschwerte.

Als er zum Schluss dabei war, seine Geräte wieder auf der Ladefläche des Autos zu verstauen, hörte ich, wie ihn ein Gedanke beschäftigte, weil er offensichtlich laut darüber nachdachte: »... versteh' ich nicht ... wieso bin ich gleich hierher gefahren ... ich habe ich doch eine Warteliste ... die Geräte waren alle auf dem Wagen ... komisch ...« Ich erhielt keinen Impuls die Engel zu erwähnen, also lächelte ich nur leise vor mich hin, bedankte ich mich herzlich und drückte ihm zusätzlich eine Flasche Wein und eines meiner OUPS Bücher in die Hand. Ich war ihm so dankbar für seinen spontanen Einsatz und dass meinem romantischen Wochenende nun nichts mehr im Wege stand.

Schmunzelnd beobachtete ich, wie er immer noch Kopf schüttelnd zu seinem Wagen ging.

Vielleicht fällt ihm ja dieses Buch eines Tages in die Hand und er erkennt sich in dieser Geschichte wieder, wer weiß ... ich überlasse es der himmlischen Fügung.

Messe Engel

Nachdem unter himmlischer Führung neben OUPS auch immer mehr Produkte für die »Zeit der Engel« in unserem Verlag erschienen waren, wanderte ich eine Etage höher. Das heißt ich bezog auf der Buchmesse in Frankfurt mit meinen Engeln einen kleinen Messestand, in der Etage über der Comic-Halle. Hier waren unter anderem Themen wie Religion und Spiritualität, aber auch Bildbände, Reisen und manch anderes angesiedelt. So ganz genau erinnere ich mich heute nicht mehr daran. An was ich mich jedoch noch lebhaft erinnere, sind verschiedene Ereignisse, die sich im Laufe der Messejahre auf diesem Stand zugetragen haben. Berührendes, Dramatisches, aber auch durchaus Humorvolles … die ganze Gefühlspalette des Lebens eben.

So sehe ich heute noch deutlich die Dame vor mir, die eines Tages – wie mit einer Schere aus dem bunten Besucherbild ausgeschnitten – meine Aufmerksamkeit erregte. Nicht ihre äußere Erscheinung hat sich so deutlich in meine Erinnerung eingebrannt, sondern vielmehr die Fassungslosigkeit und Verzweiflung, die sich mir damals fast greifbar, durch alle Menschenmassen hindurch, nahezu körperlich mitteilte. Ohne zu überlegen verließ ich meinen Stand, steuerte geradewegs auf sie zu und fragte, ob ich ihr helfen könne. Sie schien mich gar nicht richtig wahrzunehmen, als sie in Stichworten eine Art Bestandsaufnahme ihrer Situation wiedergab, fast als spräche sie mit sich selbst, wobei ihr Blick wie ein Suchscheinwerfer ruhelos über die Gänge glitt.

Zusammengefasst ergab sich folgendes Bild: Gemeinsam mit ihrer Tochter war sie mit dem Auto für einen Tag auf die Buchmesse gekommen. Während ihre Tochter sich irgendwo in der Halle eine Lesung anhörte, hatte sie sich in der Zwischenzeit ein bisschen umsehen wollen und dabei die Orientierung verloren. Es blieben ihr noch 15 Minuten bis zum Ende der Lesung und um wieder zurückzufinden. Ein Handy hatte sie keines bei sich, auch wusste sie nicht, wo das Auto geparkt war und zu Hause gab es im Moment niemanden, den sie hätte erreichen können.

Leider war es ihr nicht in den Sinn gekommen, sich nach der Nummer des Messestandes zu erkundigen, auf dem die Lesung stattfand, genauso wenig erinnerte sie sich an den Titel der Veranstaltung, mit dem wir uns hätten an einem Infostand erkundigen können.

Angesichts der Panik, die ihr aufgrund dieser Tatsachen und der immer knapper werdenden Zeit förmlich ins Gesicht geschrieben stand, stellte ich mich instinktiv vor sie hin und nahm ihre beiden Hände mit festem Griff. Das führte glücklicherweise dazu, dass sie mich nun direkt ansah und ich hörte mich mit eindringlicher Stimme sagen: »WIR FINDEN IHRE TOCHTER, FOLGEN SIE MIR BITTE!«

Mit einem stillen Stoßgebet: »MICHAEL, ICH BRAUCH DICH JETZT – ZEIG MIR DEN WEG!«, drehte ich mich um und marschierte entschlossenen Schrittes los. Die Schwierigkeit lag darin meine Gedanken auszuschalten – was bekanntlich gerade in Stresssituationen mit das Schwerste ist – und im Gegenzug mein Inneres an die Vorstellung zu heften, wie wir rechtzeitig vor Schluss die Tochter bei der Lesung antreffen würden. Eine derartige Vorgehensweise, also bei der ich sozusagen ein Ziel eingebe, die Engel um Führung bitte und dann einfach ohne weiteres Nachdenken, nachfragen oder ohne weiteren Blick in eine Karte losfahre oder, wie in diesem Fall losgehe, nenne ich »Engel-GPS«.

Es dauerte eine Weile und wir mussten einige Gänge durcheilen – die Dame erstaunlicherweise tapfer an meinen Fersen – denn mein Verstand funkte anfangs noch dazwischen: »Die Lesung ist an einem Stand mit großen Bildkalendern«, die Dame erinnerte sich ganz deutlich daran. Also versuchte mich mein Verstand immer wieder in die Richtung der Stände mit Kalendern zu dirigieren, bis mich plötzlich ein Impuls in das gläserne Foyer der Halle hinausführte, in dem zwischen einem Café und den Rolltreppen der Fernsehsender ARTE eine Veranstaltungsplattform unterhielt, umrahmt von großen leuchtenden Bildern und ausgestattet mit roten Sesseln, auf denen die Besucher gerade einer Lesung beiwohnten.

»Da sind die roten Sessel … und da ist meine Tochter!!!«, hörte ich die Dame atemlos hinter mir hervorbringen. Mir fiel ein Stein vom Herzen und ich schickte augenblicklich ein weiteres Stoßgebet zum Himmel, diesmal um mich inbrünstig zu bedanken.

Die Dame bedankte sich wiederum erleichtert bei mir, war jedoch so aufgeregt und ungeduldig zu ihrer Tochter zu kommen, dass meine Antwort: »Bedanken sie sich lieber bei den Engeln …«, ganz offensichtlich nicht mehr bei ihr ankommen konnte.

Als ich mir den Weg durch das Gedränge zurück zu meinem Stand bahnte, kam mir meine Aussage: »WIR FINDEN IHRE TOCHTER!«, im Nachhinein ziemlich verwegen vor, ganz zu Schweigen, von dem großen Vertrauen, mit dem sich die Dame meiner Führung anvertraut hatte. Ich habe das Gefühl, aus mir hat damals eine wesentlich größere Kraft gesprochen, deren Worten wir daraufhin beide unser Vertrauen schenken konnten.

Engel verfügen auch über ein großes Maß an Humor, oft sind ihre Mitteilungen von einem lächelnden Augenzwinkern begleitet und manchmal zeitigen sie Ereignisse, über die ich Jahre später noch herzhaft lachen kann. Eine solche Geschichte hat sich ebenfalls auf einer der Frankfurter Buchmessen ereignet, wieder an meinem kleinen Engel-Stand.

Normalerweise drängeln sich die Menschen dicht an dicht in den Gängen der vielen Hallen, doch nicht überall. In meinem Teil der Halle herrschte glücklicherweise die meiste Zeit eine sehr entspannte Atmosphäre, die Besucher schlenderten gelassen an meinem Messestand vorbei, sodass ich oft die Gelegenheit hatte, mit ihnen ins Gespräch zu kommen. Ich hatte herausgefunden, dass eine kleine Engelkarte* ein kleines Geschenk ist, das – meist nach einem kurzen Zögern – gerne angenommen wird. Dazu hielt ich die Kärtchen wie einen Mini-Fächer, mit der Rückseite nach oben in der Hand und bot hin und wieder einem Gast an, sich ein Kärtchen herauszuziehen.

Es ist immer wie ein Spiel für mich, bei dem alle Seiten nur gewinnen können, das Lächeln, das unweigerlich jedes Mal folgt, wenn die Karte umgedreht und die Botschaft gelesen wird, ist für mich ein herrliches Geschenk, über das ich mich jedes Mal freue wie ein Kind.

Eines Tages, es war gerade sehr ruhig an meinen Stand, spazierte ein älterer Herr langsam den Gang herauf und ich ergriff die Gelegenheit um mir, und wie ich hoffte auch ihm, mit einem Kärtchen eine Freude zu machen.

»Möchten sie vielleicht ein Engelkärtchen ziehen?«, lächelte ich ihn an, woraufhin er mich entgeistert anblickte. Dann winkte er verlegen lächelnd ab und meinte leicht traurig: »Ach, ich gewinne ja doch nichts.«

Nun war es an mir verlegen zu sein. Was sollte ich denn jetzt sagen? Er hatte mich offensichtlich nicht verstanden, ja, nicht mal bemerkt, an welchem Stand er gelandet war und glaubte, es handelt sich um eine Art Gewinnspiel. Automatisch funkte ich kurz »nach oben« und bat um eine Antwort, die ihn nicht zu sehr enttäuschen würde, denn zu gewinnen gab es bei mir ja im herkömmlichen Sinne eigentlich nichts … oder doch?

Und da hörte ich mich auch schon sagen: »Ach, wissen sie, mit den Engeln gewinnt man eigentlich immer!« Na, so eine schöne Antwort, doch damit nicht genug, denn jetzt drehte mein Kandidat seine Karte herum und las den Text mit ungläubigem Staunen, denn da stand:

*Aus den allerersten Bildern und Texten entstand auch die erste Engelkärtchenbox »Zeit der Engel«.

**»Du riskierst nicht, lädst Du die Engel in Dein Leben ein,
doch Du gewinnst alles!«**

Na, so was! Das war im wahrsten Sinne des Wortes »himmlischer Humor« und wir beide hatten unsere helle Freude daran. Natürlich entwickelte sich daraus ein äußerst seelenvolles Gespräch über die Engel, über Gott und die Welt. Endlich konnte er sich überwinden, auch noch anderen Hallen und Ständen und Standbewohnern eine Chance zu geben, ihn zu überraschen und so setzte er seinen Weg fort, jedoch nicht, ohne dass wir uns herzlich umarmt hätten. Den Rest des Tages durfte ich mich immer wieder über Besucher an meinem Stand freuen, die nun auch ein Engelkärtchen ziehen wollten, so begeistert hatte mein Gewinner ihnen von seinem Engelerlebnis erzählt.

In den folgenden Jahren besuchte er mich immer wieder auf der Messe und wenn gerade andere Messebesucher zugegen waren, ließ er es sich nicht nehmen, seine Geschichte zu erzählen.

Als ich ihn das letzte Mal sah, erzählte ich gerade einer Messebesucherin von unserem Erlebnis, da stand er plötzlich wie aus dem Nichts vor mir und weder er noch ich waren darüber verwundert, dass ich eben von ihm gesprochen hatte. Ich vermute, was die Engel und mich anbetraf, konnte ihn zu diesem Zeitpunkt bereits nichts mehr wirklich und ernsthaft in Erstaunen versetzen.

Engel schlafen nie

Engel schlafen nie, zumindest kommt es mir so vor, daher brauchen sie vermutlich auch keinen Pyjama denke ich. Dennoch zeigten sie sich eines Tages äußerst hilfreich, als ich dringend auf der Suche nach einem passenden Schlafanzug war. Doch nun erst mal zum Anfang der Geschichte.

Ich war Mittwoch nachmittags in Hamburg gelandet, um am Wochenende den Engel-Kongress zu besuchen. Beim Auspacken des Koffers fiel mir auf, dass ich vergessen hatte, einen Schlafanzug einzupacken – nicht das erste Mal übrigens – und da ich ein äußerst verfrorenes Wesen bin, musste ich mir jetzt wohl oder übel als Erstes ein wärmendes Nachtgewand besorgen.

Mir liegt nicht sehr viel am Shoppen, außer ich befinde mich in einem Buchladen. Kann man das denn überhaupt als Shoppen bezeichnen? In meinem Fall vielleicht eher als eintauchen, abtauchen, schwelgen, sich verlieren …

Nun gut, zurück zu meinem Schlafproblem. Eigentlich hatte ich vor, bei strahlendem Frühlingswetter Hamburgs schönste Seiten zu erkunden. Stattdessen meine wertvolle Zeit in diversen Einkaufstempeln zu verbringen, empfand ich daher gelinde gesagt als »nicht lustig«! Auf die profane Idee, mir einen lichtvollen Einkaufsführer oder etwas moderner ausgedrückt einen Engel als »Shopping-Guide« einzuladen, kam ich zunächst nicht.

Um das ganze Unterfangen möglichst schnell und effektiv zu gestalten, begab ich mich in das Einkaufsherz der Stadt und enterte entschlossen die Wäscheabteilung einer großen Textilkette, bei denen ich in puncto Nachtwäsche meistens schnell fündig werde. Doch dieses Mal hatte ich Pech. Jedes Teil, das mir halbwegs gefiel – ich war zugunsten des sonnigen Maiwetters von vornherein sehr kompromissbereit – gab es gerade in meiner Größe nicht.

Als langsam aber sicher kleine Gewitterwölkchen am Horizont meines Gute-Laune-Himmels auftauchten, kam mir endlich die Idee einen Engel um Hilfe zu bitten. Mitten im Gewühl zwischen den Kleiderständern blieb ich also stehen, richtete meine Gedanken nach oben und sprach die »magische Formel«:

»Danke, meine lieben Engel, dass ich jetzt einen optimalen Schlafanzug für mich finde.«

Mit »optimal« drücke ich meinen Engeln gegenüber das Vertrauen aus, dass sie wissen, was für mich in jeder Hinsicht das Beste ist.

Und die Engel haben mir gelernt, dass sie das Beste für mich bewirken können, wenn ich ihnen für die Art der Lösung vollkommen freie Hand lasse. Das bedeutet, ich formuliere in meiner Bitte nur das Endziel, also das Ergebnis, das jedoch so klar wie möglich, mit möglichst viel Emotion und so als wäre es bereits eingetreten.

So stand ich also mit offenen Sinnen da und wartete auf einen Impuls oder Hinweis, der mich entweder in ein anderes Geschäft oder zu einem anderen Kleiderständer führen würde, dabei sah ich mich aufmerksam um.

Und siehe da, kurz darauf bemerkte ich eine junge Verkäuferin, die zielstrebig einen Rollständer mit einer neuen Garnitur Schlafanzüge in meine Richtung manövrierte. Es war ein hübscher Pyjama, der in jeder Hinsicht meinen Wünschen entsprach ... natürlich!

Ich bedankte mich für die schnelle Fügung, schnappte mir die passende Größe und begann kurz darauf, mit kaum nennenswerter Verspätung die schönsten Seiten dieser wunderschönen Stadt zu erkunden.

Heute bin ich zu der Überzeugung gelangt, es gibt nichts, keine Bitte und keinen Umstand, der Engeln zu profan wäre.

Engel als Mediator

Meistens ist es mir zu mühsam, mich ernsthaft oder längere Zeit über etwas zu ärgern. Lieber halte ich mich an den einfachen, aber sehr weisen Satz der Konrad Adenauer zugeschrieben wird: »Nehmen Sie die Menschen, wie sie sind, andere gibt's nicht.« – Eben.

Das hält mich jedoch nicht davon ab, mich ab und zu leidenschaftlich über Zustände, Ungerechtigkeiten, Gedankenlosigkeiten und alle möglichen seltsamen Verhaltensweisen meiner Mitmenschen zu ereifern. Dabei hat sich nun leider schon sehr oft herausgestellt, dass die Zustände, Ungerechtigkeiten, Gedankenlosigkeiten und dabei auch alle möglichen seltsamen Verhaltensweisen von mir vollkommen falsch verstanden oder beurteilt wurden, wofür ich mich dann des Öfteren mit hochrotem Kopf entschuldigen musste, sehr peinlich!

Um nun bei unangenehmen Begebenheiten nicht untätig zuschauen zu müssen, meiner Empörung oder Sorge darüber einen möglichst sozial verträglichen Ausdruck zu verleihen und nicht immer wieder Gefahr zu laufen, durch Fehleinschätzung im nächsten Fettnäpfchen zu landen, ist mir irgendwann eine Art Mantra zugefallen, mit dem ich nun in solchen Situationen den Rat der Engel einhole. Ich beginne dann so lange »Zeigt mir den lichtvollen Weg« zu rezitieren, bis es die Engel geschafft haben, mir eine Idee zu vermitteln, mit der ich zum allseitigen Wohl handeln kann. Und es klappt immer, egal, wie aussichtslos sich die jeweilige Situation gerade darstellt.

So wie damals, als ich mit meinem Mann eine Woche Urlaub in Griechenland verbrachte, auf einer wunderschönen Insel. Unser Hotel war frisch renoviert, sehr modern, aber auch sehr gemütlich, die Möbel neu, kristallklares Wasser an einem blitzsauberen Strand mit hellen Kieseln, alles fein.

Bis zum ersten Tag am Strand. Wir hatten es uns auf unseren Liegen gerade gemütlich gemacht, da beobachtete ich meine Strandnachbarin, wie sie im Laufe des Nachmittags eine Zigarettenkippe nach der anderen zwischen die Kieselsteine drückte, und begann mich aufzuregen. Gleichzeitig versuchte ich mich damit zu beruhigen, dass es zumindest im Bereich des Möglichen lag, dass besagte Dame ihre Kippen für biologischen Abfall hielt, der innerhalb kürzester Zeit verrottet und somit die Umwelt samt der dazugehörigen Menschen nicht weiter stören würde … vorausgesetzt, dass sie überhaupt einen Gedanken daran verschwendet hat.

Trotzdem, einfach zuschauen ging gar nicht! Die englische Lady – frisch eingetroffen, ebenso wie wir – würde von nun an vermutlich mindestens eine, wenn nicht sogar zwei Wochen oder sogar noch länger, täglich ihre Zigarettenkippen auf diese Weise am Strand entsorgen.

Erst überlegte ich, ob es sinnvoll wäre, sie darüber aufzuklären, dass der Filter einer Zigarette nicht nur jede Menge Nikotin enthält, was bekanntlich ein starkes Gift ist, sondern dass diese Filter auch Jahre benötigen, bis sie sich in der Natur auflösten. Da mir jedoch jede Art von selbst ernannten Lehrmeistern auf die Nerven gehen und ich mich dann statt einsichtig eher von meiner bockigen Seite zeige, ungeachtet der Tatsache, ob sie recht haben oder nicht – wurde diese Idee von mir sofort wieder verworfen.

Die nächste Strategie, mir meinen Seelenfrieden im Liegestuhl zu retten, erwies sich ebenfalls gleich beim ersten Versuch als völlig unbrauchbar. Ich hatte mich gegen Abend zur Liege meiner Nachbarin begeben und sie in meinem besten Englisch gefragt, ob es ihr wohl recht wäre, wenn ich ihre Kippen einsammle und für sie im Mülleimer entsorge? Der stand übrigens ganz in der Nähe. Eigentlich ist mein Englisch ganz passabel, doch die Dame lächelte mich nur an und erlaubte es mir mit einem freundlichen Nicken. Aha, die Botschaft war eindeutig nicht angekommen. Was nun?

Da fiel mir mein persönliches Mantra ein, dessen verblüffende Wirksamkeit ich erst kurze Zeit vorher entdeckt hatte um die anfangs genannten Zustände, Ungerechtigkeiten, Gedankenlosigkeiten … etc. … zu deeskalieren: »Zeigt mir den lichtvollen Weg, zeigt mir den lichtvollen Weg …« Also begann ich zu rezitieren.

Und siehe da, innerhalb kürzester Zeit kam mir die Idee unsere Reiseleiterin zu bitten, ob sie nicht in Zukunft bei ihren Begrüßungsgesprächen die Gäste aufklären und darum bitten könnte, ihre Zigaretten im Mülleimer zu entsorgen. Sie war nur allzu gern dazu bereit, und weil es ihr selbst ein großes Anliegen war, kam sie von sich aus auf die Idee, auch alle Kollegen zu informieren, selbst die, welche für andere Reiseunternehmen arbeiteten. Na also, es geht doch!

Die englische Lady ist mir lustigerweise den ganzen Urlaub über nicht wieder begegnet, doch ich war zufrieden, für den Augenblick war meine Mission ja erfüllt!

Engel der Gerechtigkeit

Manchmal darf ich die ganze Angelegenheit aber auch einfach abgeben und alles ist gut, denn nicht immer sitze ich ja gerade entspannt am Strand und habe alle Zeit der Welt, um auf die himmlische Einge-bung für einen »lichtvollen Weg« zu warten, so wie an jenem Abend, als wir uns beim Italiener zu einer gemütlichen »Mädelsrunde« versammelt hatten.

Wir waren ungefähr zu siebt oder zu acht und hatten uns schon eine ganze Weile nicht mehr gesehen. Das Stimmengewirr war dementsprechend gewaltig und als der Kellner unsere Bestellungen aufnehmen wollte, hatte noch keine von uns die Zeit gefunden, sich der Speisekarte zu widmen.

Wir kamen auf die Idee, den Kellner nach einer Empfehlung für die Vorspeise zu fragen und wir stimm-ten sofort dem vorgeschlagenen Spezialteller zu, mit »ein bisschen was von allem«. Das klang ausgezeich-net und da die meisten sowieso von der Vorspeise nahtlos zum Dessert oder Kaffee übergehen wollten, konnten wir uns nun wieder all dem hingeben, was sich in der Zwischenzeit ereignet hatte. Das Dessert hatte ja noch Zeit und wer weiß, vielleicht konnte der sympathische Kellner bei Bedarf ja auch mit einer »Spezial-Nachspeise« aufwarten.

Der Vorspeisenteller war ausgezeichnet, wie erwartet. Als jedoch bald darauf eine meiner Freundinnen um ihre Rechnung bat, da sie früher aufbrechen musste, verschlug es uns allen kurz die Sprache, bei der Summe die der Kellner nannte. Augenblicklich standen jeder von uns Zahlen auf die Stirn geschrieben, denn wir alle überschlugen hastig im Kopf unsere eigene Bilanz des Abends, um am Ende würdevoll un-sere Rechnung hinnehmen zu können.

Unsere Freundin stutze kurz, bezahlte dann jedoch mit leicht verwirrtem Blick und unser Kellner – bis dahin fanden wir ihn ganz charmant – verschwand in der Küche. Nach einem kurzen Blick in die Karte stellten wir fest, unsere spezielle »Antipasti« sollte weit mehr kosten, als das teuerste Gericht unter den Vorspeisen? Wie das denn?!

Wir konnten uns an nichts Außergewöhnliches auf dem Teller erinnern, er war nicht aus Gold und wir hatten ohnehin nicht die Absicht gehabt, das Geschirr mitzubezahlen. Doris, unsere Freundin, die nun als Erste mit der interessanten Preisgestaltung konfrontiert worden war, musste los und ließ uns etwas betreten

zurück. Wir hätten ja auch vorher fragen können, was »Spezial« in diesem Lokal denn so kosten würde. Zu spät, was nun?

Wir wollten uns den Abend nicht verderben lassen, dafür gab es nur viel zu selten die Gelegenheit zu so einer fröhlichen Runde, doch Verwirrung und verhaltener Ärger lagen jetzt in der Luft.

Während jede für sich, fast hörbar überlegte, ob es besser wäre, den Ärger runterzuschlucken oder die Peinlichkeit auf sich zu nehmen und wie Jeanne d'Arc für das Recht aller die Stimme zu erheben, funkte ich ein Stoßgebet »nach oben«, in etwa so:

»Michael, ich brauch' dich jetzt! Kannst du bitte dafür sorgen, dass die Angelegenheit jetzt fair und gerecht für uns alle geregelt wird? – Danke dir.«

Gerade wollte ich damit beginnen, mir Gedanken zu machen, wie für einen Erzengel denn so eine faire Lösung aussehen könnte und wartete auf einen Impuls, ob ich etwas dazu beitragen könne, da kam der junge Mann auch schon zurück. Zerknirscht erklärte er uns, er habe sich im Preis geirrt und ob wir nicht in seinem Auftrag unserer Freundin den Betrag zurückgeben könnten, den er versehentlich zu viel für den Teller berechnet habe.

»Na guck, es geht doch!«, fiel mir dazu wieder mal nur ein. Ich lehnte mich mit einem zufriedenen Lächeln zurück, schickte meinen Dank an Michael und alle Beteiligten, denn schließlich hätte sich unser Kellner ja auch ohne Weiteres dem Impuls widersetzten können.

Die Erleichterung ließ uns innerhalb kürzester Zeit wieder in das fröhliche Stimmengewirr zurückverfallen und Doris freute sich über die »Wiedergutmachung«, von der sie gleich darauf per SMS erfuhr.

Natürlich gäbe es auch hier jede Menge Erklärungen, ganz ohne himmlischen Einfluss, doch das möge jeder für sich entscheiden – ich verlasse mich wie immer auf mein Gespür, also danke, Michael!

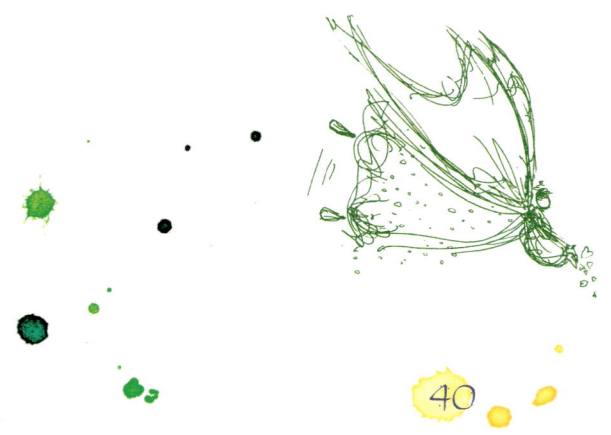

Engel auf Erden

Wie oft sagen wir »Du bist ein Engel!« oder »Dich schickt der Himmel!«, wenn uns ein Mensch – manchmal sogar ein wildfremder Mensch – gerade aus heiterem Himmel zur Hilfe gekommen ist? Manche dieser Begebenheiten sind sofort wieder vergessen, doch an andere erinnern wir uns ein Leben lang, weil sie fast an ein kleines Wunder grenzten oder bis heute noch staunendes Kopfschütteln bei uns hervorrufen.

Als ich mir der Engel an meiner Seite bewusst wurde, erinnerte ich mich nach und nach an solche wundersamen Ereignisse in meinem Leben und ich betrachtete sie plötzlich mit ganz anderen Augen, aus einer höheren Warte sozusagen.

Da war zum Beispiel dieser ältere Herr, damals in Augsburg. Ich studierte im vierten oder fünften Semester Kommunikationsdesign an der Fachhochschule für Gestaltung. Meine Semesterarbeit wurde mit all den anderen meines Jahrgangs in einer gemeinsamen Ausstellung präsentiert und er stand mit auf dem Rücken verschränkten Händen vor einem meiner Bilder. Ich wollte gerade gehen, da sah ich ihn durch die offene Tür und näherte mich neugierig, denn mich interessierte natürlich, was er gerade an meiner Arbeit so spannend fand, weil er sie so eingehend betrachtete. Es gab an diesem späten Nachmittag keine Vorlesungen mehr und das Schulgebäude war wie ausgestorben, weit und breit niemand mehr zu sehen. Leise stellte ich mich neben ihn, um zu sehen, welches Motiv denn nun genau seine Aufmerksamkeit erregt hatte.

Es war das gemütlich dreinblickende Schaf. Als Hauptakteur meiner fiktiven Kampagne für irische Wolle lehnte es mit typisch irischer Mütze auf dem Kopf und einer Pfeife in der Schnauze an einer Steinmauer, wie sie für die irische Landschaft so typisch ist. Mein Übungsprojekt drehte sich um »Irische Wolle«, vermutlich da ich zu jener Zeit leidenschaftlich gern strickte. Das von mir im Comicstil gezeichnete Schaf hatte ich als Sympathieträger und zentrale Figur für dieses Projekt erfunden. Es strahlte eine fröhliche Gelassenheit aus und informierte mit mehreren Cartoons über Vorzüge und Eigenschaften seines haarigen Produktes.

Ohne den Blick von meinem Bild zu wenden, fragte der Besucher: »Ist das von Ihnen?«
Und dann, ohne meine Antwort abzuwarten, sah er mich fest an und erklärte in feierlichem Ton: »Sie sind eine Cartoonistin, wissen Sie das?«

Seine Worte klangen bedeutungsschwer und brachten irgendetwas in mir zum Klingen, obwohl ich keine Ahnung hatte, was mir das sagen sollte … ich und eine Cartoonistin?

Verwirrt wendete ich mich wieder meinem Schaf zu, als ob es mir die Antwort darauf geben könnte und plötzlich sah ich meine Art zu Zeichnen tatsächlich mit ganz anderen Augen. Jetzt wurde ich aufgeregt und wollte gerne wissen, was genau er denn damit gemeint hatte … doch er war nirgends mehr zu sehen.

Er hatte mir mit dieser Feststellung ein großes Geschenk gemacht, er gab mir damals den wichtigsten Schlüssel für mein Künstlerbewusstsein, denn bis zu diesem Zeitpunkt war ich bestrebt, so naturalistisch wie möglich zu zeichnen. Anstatt meiner eigenen Spur zu folgen, bewunderte ich Studienkollegen, neben denen ich mich mit meiner – heute weiß ich cartoonistischen Art zu zeichnen – bis dahin immer stümperhaft fühlte. Ich war davon überzeugt, nicht zeichnen zu können, obwohl ich es leidenschaftlich liebte und mein Leben lang nichts anderes getan hatte … na gut, außer Stricken.

Von diesem Zeitpunkt an »studierte« ich die Comiczeichner und Cartoonisten, ließ mir beim Zeichnen freie Hand und erspürte meinen eigenen Ausdruck. So entwickelte ich Laufe der Jahre meinen charakteristischen Strich, meinen eigenen Stil und das Wichtigste: Ich hatte Spaß!

Der Satz zündete sozusagen ein neues Triebwerk in mir, um mich auf eine neue Stufe zu katapultieren.

Heute bin ich mir sicher, dieser Besucher hat unbewusst im Auftrag einer höheren Führung gehandelt, bei der ganz bestimmt auch meine Engel ihre Hände im Spiel hatten, um mir zu zeigen, wer ich bin. Und so denke ich, dass wir alle von Zeit zu Zeit immer einmal wieder einem höheren Sinn dienen dürfen und mit unseren Worten, mit unseren Taten zum Segen für unsere Mitmenschen sind.

Manchmal wird uns sogar das Glück zuteil, dass wir uns dessen bewusst werden dürfen, für mich ist das jedes Mal ein »heiliger« Moment, der lange in mir nachhallt.

Ab und zu dürfen wir ein Engel auf Erden sein.

Im Auftrag der Engel

Engel bewusst wahrzunehmen, ihre Liebe und Fürsorge zu spüren, ihre kleinen und großen Wunder zu erleben, ist so eine große Freude für mich, dass ich mich zum Dank dafür in ihren Dienst begeben habe. Dabei würde ich mir jedoch nie anmaßen, mich für einen Engel auf Erden zu halten. Bekomme ich jedoch die Gelegenheit, ein Hilfsengel der Engel sein zu dürfen, ist das jedes Mal ein höchst beglückendes Erlebnis … hinterher zumindest, denn manchmal erfordert es auch ganz schön viel Mut den Auftrag anzunehmen.

Um solche Glücksgefühle möglichst oft zu erleben, fasste ich vor langer Zeit den Entschluss, mich nicht nur mit meiner Arbeit, sondern mit meinem ganzen Leben in ihren Dienst zu stellen und es ist jedes Mal eine Ehre für mich, wenn sie diesen Dienst in Anspruch nehmen. Das bedeutet jedoch nicht, dass ich von morgens bis abends meditiere und versuche engelsgleich durch das Leben zu schweben, das würde keinem dienen, weil es nicht meine Art ist. Es ist vielmehr eine Lebenshaltung, eine Ausrichtung, eine Bitte und ein Angebot, das ich an meine Engel gerichtet habe. Wenn sie es möchten, bin ich jederzeit gerne Werkzeug für Sie, um mit ihrer Hilfe hier auf Erden in ihrem Sinne zu wirken, auf meine Art und so, wie es mir möglich ist. Ich versuche achtsam, offen und wach auf Impulse und Zeichen zu reagieren, sehe zu, dass ich die Verbindung zu den Engeln halte, um möglichst klar ihre Hinweise zu verstehen, ihren Rat zu befolgen und mein menschliches Bewertungssystem auf ein Minimum zu reduzieren, denn es ist mir sonst bei unserer Kommunikation manchmal ziemlich im Weg. Gott sei Dank sind Engel sehr geduldige Wesen und ertragen mit ihrer sprichwörtlichen »Engelsgeduld« auch meinen manchmal etwas störrischen Charakter.

Das erinnert mich nun wieder an eine Begebenheit und wieder einmal auf der Frankfurter Buchmesse, als sich ein junges Pärchen an meinem Engelstand niedergelassen hatte. Der junge Mann bat mich eines meiner Bücher für seine Freundin zu signieren, die sich unterdessen in der gegenüberliegenden Ecke des Messestands in ein Buch vertieft hatte.

Da zeigte sich mir plötzlich ein Satz: »Es ist Zeit, dich auf den Weg zu machen!« Sofort fing ich an innerlich zu bocken, denn dieser Satz war für die junge Frau bestimmt und ich sollte ihn in das Buch schreiben.

Engel respektieren jedoch unseren freien Willen und daher hatte ich mit ihnen vereinbart, dass ich auf der Messe keine »Botschaften« für die Besucher durchgeben würde, denn ich wollte unter so vielen Menschen und in so einer unruhigen Umgebung nicht »auf Empfang gehen«. Aus Angst unter Umständen mehr zu empfangen, als mir lieb ist.

Und nun kamen die Engel mit diesem Satz und machten es auch noch dringend!

Mein Bewertungssystem sprang sofort mit voller Kraft an und ich motzte in Gedanken: »Nein, ich channle auf der Messe nicht, das wisst ihr genau und diesen Satz schreibe ich ihr ganz bestimmt nicht in das Buch. Hinterher verlässt sie ihn und ich bin schuld, sicher nicht!«

Und wieder kam der Satz »Es ist Zeit, dich auf den Weg zu machen!« Auch Engel können hartnäckig sein, soviel steht fest, denn als sie den gleichen Satz – meinem Grummeln zum Trotz – ein drittes Mal wiederholten, gab ich maulend klein bei und erklärte im Stillen: »Na gut, einen Versuch habt ihr!«, drehte mich zu ihr um und fragte, ob sie mit dem Satz »Es ist Zeit, dich auf den Weg zu machen!« etwas anfangen könne?

Anstatt mir zu antworten, lächelten sich die beiden nur an und wechselten wissende Blicke. Seine Geste sollte wohl so etwas Ähnliches bedeuteten wie: »Na, was sag' ich denn die ganze Zeit?«

Ich hätte es mir denken können. Natürlich war es mir den Engeln gegenüber jetzt etwas peinlich, dass ich mich so gesträubt hatte und ich signierte daraufhin ergeben alles, was sie mir diktierten, denn natürlich blieb es nicht nur bei einem Satz.

Von diesem Erlebnis derart in meinem Vertrauen bestärkt, erklärte ich mich endlich bereit, künftig auch in der Öffentlichkeit Botschaften der Engel weiterzugeben, so wie ich das zuvor nur im stillen Kämmerlein gewagt hatte. In der Zwischenzeit gehört dieser Dienst sogar zu meinen liebsten Aufgaben, denn allein mit den berührenden Erlebnissen, die mir dieser Dienst beschert hat, ließen sich ganze Bücher füllen.

Gibt es nun Engel oder nicht?

Das darf jeder für sich erfahren.

Für mich gibt es die Engel ganz ohne Zweifel, daher lade ich sie täglich in mein Leben ein. Engel sind ein wichtiger Teil meiner Lebensrealität geworden, sie führen mich und beraten mich, sie beantworten meine Fragen mit so lichtvollen Sätzen, dass es mich immer wieder sprachlos macht und ihr goldener Humor zaubert für mich augenblicklich eine erfrischende Leichtigkeit in jede Situation. Mit ihnen ist alles einfach so viel leichter, finde ich.

Zu Anfang wurde ich einmal gefragt, wo ich den Mut hernehme, so offen über die Engel zu sprechen und fand das eine ziemlich ungewöhnliche Frage, denn warum sollte ich nicht offen über das sprechen, was mir am Herzen liegt, was meinen Erfahrungen entspricht, an was ich glaube?

Glücklicherweise sind wir heute in einer Zeit, in der Spiritualität kein Tabuthema mehr ist, zumindest so wie ich es erlebe und mehr denn je erachte ich es als mein Grundrecht, mir eine eigene Meinung zu bilden, den Dingen auf den Grund zu gehen, Verborgenes zu erspüren und zu glauben, was ich in meinem tiefsten Inneren weiß. Und das ist gut so.

Es freut mich sehr, dass mich die Engel dazu ermutigt haben, in diesem Buch meine persönlichen Erlebnisse und Erfahrungen zu teilen und ich freue mich, wenn der eine oder andere vielleicht beim Lesen den Mut fasst, die Engel einfach einmal anzusprechen und offen dafür zu sein, ob und wie sie sich zeigen.

Doch damit ist es dann auch gut, denn es liegt mir fern, irgendjemanden von der Existenz der Engel überzeugen zu wollen. Warum auch? So oder so, sie sind immer da. ;-)

Danke, dass Sie mich durch meine Geschichten begleitet haben und vielleicht erfahren wir die Freude, uns einmal persönlich zu begegnen, wer weiß.

Mit himmlischen Grüßen